BAUER Marienplatz und Rathaus

MÜNCHNER WEGWEISER

RICHARD BAUER

Marienplatz und Rathaus

HUGENDUBEL

BILDNACHWEIS

Alle Abbildungen – mit Ausnahme der vom Münchner Stadtmuseum stammenden Darstellungen (S. 2, 35) und den Fotografien von Thomas Koller, München (S. 15, 16, 17, 24, 60) – sind den Beständen des Stadtarchivs München (mit Bildersammlung des Historischen Vereins von Oberbayern) entnommen.

Abbildung auf S. 2/3:
Getreideschranne auf dem Hauptplatz, Blick gegen Osten, 1836, Aquarell von K. Heinzmann.

Die Deutsche Bibliothek – CIP-Einheitsaufnahme
Bauer, Richard:
Marienplatz und Rathaus / Richard Bauer. – München : Hugendubel, 1997
  (Münchner Wegweiser ; Bd. 1)
  ISBN 3-89631-193-X

© Heinrich Hugendubel Verlag, München 1997
Alle Rechte vorbehalten

Lektorat: Barbara Imgrund, München
Umschlaggestaltung: Zembsch' Werkstatt, München,
unter Verwendung eines Motivs von Georg Kürzinger, München
Produktion: Tillmann Roeder, München
Satz: SatzTeam Berger, Ellenberg
Druck und Bindung: Bosch Druck, Landshut
Printed in Germany

ISBN 3-89631-193-X

Marienplatz gegen Nordwesten, um 1860, Fotograf G. Boettger.

DER MARIENPLATZ

Münchens Geschichte setzt erst im Hochmittelalter ein. Am 14. Juni 1158 genehmigt Kaiser Friedrich Barbarossa durch ein in Augsburg ausgestelltes, feierliches Diplom die vom bayerischen Herzog Heinrich dem Löwen gegen die territorialen Interessen des Freisinger Bischofs durchgesetzte Existenz eines »Marktes« *(forum)* München. Die Nutzungen dieses Marktes werden auf kaiserliches Geheiß zwischen Herzog und Bischof aufgeteilt. Nach dem Sturz Heinrich des Löwen 1180 scheint der Freisinger Bischof über ein halbes Jahrhundert die faktische Ortsherrschaft ausgeübt zu haben.

Der Markt München lag am Ostrand einer zum Überschwemmungsgebiet der Isar (Tal) abfallenden natürlichen Terrassenbildung und war von dem älteren namengebenden Dorf München, das wahrscheinlich im Bereich des heutigen Hackenviertels (Altheimer Eck) zu suchen ist, et-

Marienplatz gegen Südosten, um 1860, Fotograf G. Boettger.

was abgerückt. Hauptbestandteil der Marktgründung war das Marktareal, also eine große Freifläche, die sicher von Anfang an von einigen der Markt- und Zollkontrolle dienenden herrschaftlichen Nutzgebäuden gesäumt wurde. Auf diese geräumige Freifläche – den heutigen Marienplatz – mündete die über eine Isarbrücke umgeleitete Fernhandelsstraße Salzburg-Augsburg, die in erster Linie dem im Mittelalter wirtschaftlich äußerst bedeutsamen Salztransport diente. Der von Heinrich dem Löwen durchgesetzte Marktort München war sowohl ein Nahmarkt für Viktualien (Lebensmittel) und andere Produkte des bäuerlichen Umlandes als auch ein Fernmarkt (und Stapelplatz) für einen der wichtigsten Exportartikel Bayerns, das Salz.

Das erst um 1240 unter wittelsbachische Herrschaft gekommene München (Stadt seit ca. 1210) wurde schon um die Mitte des 13. Jahrhunderts durch Ludwig II., den Strengen, systematisch erweitert und der Stadtgrundriß axial ergänzt. Dabei wurde der älteren, von der Isarbrücke her kommenden Ost-West-Schiene eine über die Sendlinger,

Blick auf das Alte Rathaus, um 1910, Postkarte von R. Wagner.

Rosen- und die Weinstraße laufende neue Süd-Nord-Schiene hinzugefügt, welche die Bedeutung des Marktplatzes steigerte. Dem Salzhandel gesellte sich jetzt der Warentransfer zwischen dem Alpenraum und dem fränkisch-böhmischen Markt hinzu (z.B. Wein und Eisen), der über die wittelsbachischen Besitzungen in Tirol und auf dem Nordgau vermittelt wurde. Die von den Wittelsbachern großzügig dimensionierte neue Stadtanlage (im Bereich der heutigen Altstadt) war als ein wirtschaftlicher Zentralort Süddeutschlands geplant und konnte zu Augsburg in Konkurrenz treten.

Selbstverständlich war die Anlage und Einteilung des Marktareals und seine gesamte bauliche Rahmung von den Nutzerabsichten der Stadtherrschaft und der in ihrem Auftrag handelnden Bürgergemeinde geprägt. Gegen Osten befand sich ein von der Kommune genutzter Bau mit Turm (der eigentlich ein altes Stadttor war) als Versammlungsort (Rathaus) der bürgerschaftlichen Elite, gegen Norden lag das sogenannte Rechtshaus, in dem der Stadtrichter als herzoglicher Beauftragter Recht sprach; mehr gegen Süden stand die herzogliche Münze, die später zu einer Marktkapelle umgebaut wurde. Die letztgenannten Gebäude verschwanden im 15. Jahrhundert vom Platzareal, für einen Teil des Rathauses wurde 1470 ein großzügiger Neubau errichtet (siehe S. 31ff.). Die den reichsten und angesehensten Münchner Familien gehörenden Privatgebäude im Umgriff des Marktplatzes dienten mit ihren Kellergewölben und ihrer für den Handel ausgestalteten Erdgeschoßzone ebenfalls dem öffentlichen Charakter der gesamten Anlage. Lauben, wie wir sie noch in Südtiroler Städten kennen, ermöglichten an der Süd- und Nordseite des Platzes auch an Regentagen den bequemen Zutritt der Kauflustigen zu den Ladengeschäften und Marktständen. Da das vorhandene Areal für den sich steigernden Warenverkehr bald zu klein wurde, entstanden vom Hauptmarkt abgesonderte, spezialisierte Nebenmärkte (Rindermarkt, Weinmarkt, Salzmarkt). Bis zu Beginn des 19. Jahrhunderts blieb aber auf jeden Fall der tägliche »Kräutel- und Eiermarkt« erhalten, der damals auf das Gelände des heutigen Viktualienmarktes wanderte, und bis 1853 wurde hier unter freiem Himmel auch die wöchentliche Münchner Getreideschranne abgehalten, die 1853 in eine neuerrichtete Markthalle an der Blumenstraße (Schrannenhalle) verlegt wurde.

Deutlich abgesetzt vom Marktplatz und doch zugleich ganz darauf ausgerichtet war die stadtherrliche Befestigung am Ende der Burgstraße. Die heute »Alter Hof« genannte Anlage war durch Mauer und Graben von der Welt der Bürger und Kaufleute getrennt und hatte dennoch die Aufgabe, diese zu beherrschen und zu kontrollieren.

Ohne Zweifel gehörte der heutige Marienplatz ursprünglich allein der Stadtherrschaft. Die 1315 von König Ludwig dem Bayern vorgenommene »Freiung« des Münchner Marktplatzes war nicht so sehr eine vorausschauende städtebauliche Maßnahme gegen die zunehmende Einengung des Areals – wie die bisherige Forschung das Privileg interpretierte –, sondern stellte vielmehr die Übertragung des Nutzeigentums der Immobilie Marktplatz auf die Kommune dar. Erst seit diesem Jahr konnte die schon vorher mit der Marktordnung und Gewerbeaufsicht beauftragte Bürgerschaft innerhalb dieses städtischen Kernbereiches einigermaßen frei disponieren. Die dauernde Abhängigkeit der Münchner Stadtgemeinde von der in München selbst (Alter Hof, dann Neufeste/Residenz) residierenden Herzogsfamilie machte freilich diesen weiten Platz auch immer wieder zum Schauplatz fürstlicher Repräsentation. 1568 feierten hier z. B. Hof und Bürger die Vermählung des späteren Herzogs Wilhelm V. mit Renata von Lothringen durch ein festliches Turnier und andere öffentliche Unterhaltungen. Das auf dem Turm des Neuen Rathauses befindliche, 1904 gestiftete Glockenspiel (siehe S. 57 f.) erinnert an dieses Ereignis. Auch die 1638 von Kurfürst Maximilian I. hierher gesetzte Mariensäule (siehe S. 20 ff.) ist nicht nur ein sichtbares Zeichen der damals exclusiven Katholizität Bayerns und seiner Hauptstadt, sondern auch eine Manifestation der absolutistischen Landesherrschaft gegenüber der Bürgerschaft.

Im Westen der Mariensäule befand sich seit dem 17. Jahrhundert auf dem Platz ein hölzernes Haus für Soldaten des Landes- und Stadtherrn, die für die »innere Ordnung« in der Stadt zu sorgen hatten. 1769 wurde diese Wache in das rechtsseitige Eckgebäude zur Kaufingerstraße hin verlegt.

Landesherrliche Emblematik über der Hauptwache am Marienplatz, Entwurf F. Cuvilliés 1770.

Auch diese »Hauptwache« war ein sichtbares Zeichen der allgegenwärtigen Präsenz staatlicher Beaufsichtigung und Bevormundung der Münchner Bürgerschaft. Der Platz vor dem Gebäude war mit Ketten abgesperrt und von zwei Kanonen flankiert. Nach der Errichtung des ersten Bauabschnittes des Neuen Rathauses (siehe S. 43 f.) zog diese Hauptwache in das Erdgeschoß des Neuen Rathauses. Ein steinernes Schilderhäuschen an der Fassade des Neuen Rathauses erinnert noch heute an diese militärische Überwachung des Stadtzentrums, die bis 1906 andauerte. Die populäre Gastwirtschaft »Donisl« am Eingang der Weinstraße verweist mit der Aufschrift »Zur alten Hauptwache« ebenfalls auf diese einstige Nachbarschaft.

Bis zum Rathausbau ab 1867 verbanden zwei an der Ecke Marienplatz/Dienerstraße stehende Gebäude bürgerschaftliche und landespolitische Interessen. Hier grenzte nämlich die bürgerliche Weintrinkstube an das den oberbayerischen Ständen gehörige sogenannte Landschaftshaus. Dieses Landschaftshaus, in dem die Vertreter des Adels, der Prälaten und der Städte und Märkte die landesherrlichen Steuerforderungen zu beraten hatten, wurde namengebend für die kleine Straße an der Rückseite des Neuen Rathauses, die »Landschaftsstraße«, welche die räumliche Verbindung zum sogenannten Marienhof herstellt, der erst nach dem Zweiten Weltkrieg durch die Aufgabe eines einst dichtbesiedelten Quartiers entstand (siehe

Wachtparade der Hauptwache vor dem Neuen Rathaus, 1890, Fotograf J. Albert.

S. 25). Nach der Auflösung der bayerischen Ständevertretung 1808 wurde der gesamte Komplex von der Staatsaufsicht, zuletzt von der Regierung von Oberbayern genutzt, die 1864 in ihr neues Domizil an der Maximilianstraße umzog. Vor beiden Gebäuden befand sich stets ein Laufbrunnen mit einem großen Wasserbecken, bei dem bis zur Marktversetzung auf den Viktualienmarkt an Fasttagen der Fischmarkt abgehalten wurde. Dieser Fischbrunnen erlebte in der Folge zwei wesentliche Umgestaltungen, von denen noch zu berichten sein wird (siehe S. 22 ff.).

Die den Platz umrahmenden vornehmen Privathäuser spiegelten die Architekturentwicklung der Altstadt wider. Im Sandtnerschen Stadtmodell von 1570 besticht der Hauptplatz durch die äußerst abwechslungsreichen Außenfronten der Gebäude, die mit Treppen- bzw. Seitengiebeln oder mit Traufdächern abschließen. Typisch sind in den Ecksituationen bei einmündenden Straßen die mit Zwiebeldächern geschmückten Ecktürmchen. Renaissance und Barock hatten dieser noch rein gotischen Bausubstanz nur äußerliche Dekorationen vorgeblendet, wobei besonders Fassadenmalerei mit Architekturmotiven und religiöser Thematik in Erscheinung trat. Erst im 18. Jahrhundert setzte ein Wandel des Erscheinungsbildes ein: Auf die gemalte Scheinarchitektur folgte plastischer Fassadenschmuck, der vornehmlich die Fensterrahmungen betonte und auch den Putzflächen eine phantasievolle Lebendigkeit verlieh. Mit dem Ende des 18. Jahrhunderts trat die fröhliche Farbigkeit zurück, und die Dekorationselemente wandelten sich über die sparsamere Zier des »Zopfstils« zur strengen und einfachen Linienführung des Klassizismus.

Den Namen Marienplatz führt Münchens Zentrum erst seit 1854, auf den älteren Stadtplänen heißt dieser Bereich einfach »der Platz«. Die offizielle Umbenennung durch den Magistrat erfolgte damals zum Dank für die der Hilfe der Gottesmutter zugeschriebene Überwindung einer gefährlichen Cholera-Epidemie. Natürlich wurde für diese Umbenennung auf die von den Münchnerinnen und Münchnern hochverehrte Mariensäule (siehe S. 20 ff.) Bezug genommen.

Vergleicht man ältere Fotos des Marienplatzes, so zeigt dieser Bereich um 1860 noch eine große Ausgewogenheit zwischen der Weite des Areals und der Randbebauung mit den

Entwurf für die Neugestaltung des Marienplatzes, 1949. Dieser Skizze zufolge hätte die gesamte Bausubstanz zwischen Marienplatz und Peterskirche und die Bebauung zwischen Diener- und Burgstraße der Neuplanung weichen müssen.

gaubenbesetzten Pultdächern. Die Mariensäule inmitten des Platzes ist mehr als ein kunsthistorisches Denkmal, sie ist in erster Linie eine religiöse Weihestätte, vor der betende Menschen knien. Das seit der zweiten Hälfte des 19. Jahrhunderts sich beschleunigende Wachstum Münchens hat diese harmonische Ausgewogenheit stark beeinträchtigt. Der für die Proportionen des Platzes eindeutig zu groß geratene Komplex des neugotischen Neuen Rathauses bedingte die erste Auflösung der historischen Verhältnisse und Gegebenheiten. Die Laubengänge der den Platz säumenden Häuser wurden verbaut, die Fassaden strebten immer weiter nach oben, die hübschen Pultdächer verschwanden. Als nach den Zerstörungen des Zweiten Weltkriegs die gesamte Südfront der Platzbebauung um einige Meter zurückgenommen wurde, kompensierte man auch diesen Raumgewinn durch eine zusätzliche Höhenentwicklung der Bebauung. In mancher Hinsicht hat sich die optische

Weite der ursprünglichen Platzanlage deshalb inzwischen in die Situation eines von gewaltigen Baumassen umlagerten Hofbereiches verwandelt. Dabei kann man von Glück sagen, daß die Vorschläge zur Neugestaltung des Marienplatzes, die ein Ideenwettbewerb von 1948 hervorgebracht hatte, in den Schubladen der Bauverwaltung blieben: Alle nur denkbaren Varianten von neoklassizistischer Monumentalisierung bis hin zu sterilem Architekturfuturismus waren zur Disposition gestanden. Nach langem Hin und Her setzte man auf die heilende Kraft der Tradition, und alle im Umgriff von Rathaus und Marienplatz emporgezogenen Neubauten entstanden unter bewußter Wahrung eines »münchnerischen Ausdrucks«, der auf die Schlichtheit der Baukörper und zugleich auf eine bunte, aber durchaus moderne Fassadenbemalung ausgerichtet war.

Betrachtet man die heutige Situation der östlichen, südlichen und westlichen Platzwandung des Marienplatzes (der Standpunkt sollte am besten am Fischbrunnen eingenommen werden), so ergeben sich mannigfaltige Ansichten und Einsichten. Unmittelbar im Osten schiebt sich zwar der Komplex des Kaufhauses Beck ins Bild, doch ist das Einspringen von Privatbauten im Bereich des hier einst abgehaltenen »Kräutel- und Eiermarktes« eine historische Gegebenheit, die bereits das Sandtner-Modell von 1570 zeigt. Vor dem Zweiten Weltkrieg war dieser Baublock allerdings noch aus vier Einzelgebäuden zusammengesetzt, wodurch er vom Platz her differenzierter wirkte. Dafür ragte er aber auch um 4,5 Meter weiter in den Platz hinein. In dem 1954 errichteten Nachkriegsgebäude wurden in der Erdgeschoßzone überdies Arkaden angelegt, welche die Passage zum Alten Rathaus hin erleichtern.

Richtet man den Blick an der Beck-Fassade vorbei zum Alten Rathaus hin, fällt zuallererst auf, daß wegen des fehlenden Südanschlusses an den Turm des Alten Rathauses und bedingt durch die Zurückverlegung der Baulinien in der Nachkriegszeit die neubarocke Fassade der im Tal gelegenen Heiliggeistkirche als zusätzliche optische Platzbegrenzung fungiert – ein Umstand, der durchaus als architektoni-

Blick auf den 1974 neugeschaffenen Turm des Alten Rathauses, 1985, Fotograf Th. Koller. Durch den fehlenden Anschluß des Turms an die Südfront der Platzbebauung wird die Fassade der Heiliggeistkirche mit in das Platzensemble aufgenommen.

Der moderne Kaufhauskomplex Ecke Rosen-/Kaufingerstraße, 1985, Fotograf Th. Koller.

sche Bereicherung des Ensembles gesehen werden darf.

Genauso beeinflußt auch der heute gut einsehbare Turm der Peterskirche den Platzcharakter positiv. Diese Freistellung der ältesten Pfarrkirche Münchens datiert erst von 1897/1911, als das vom Rindermarkt in den Platz einmündende ehemalige Schleckergäßchen aufgelassen wurde und die Baulinie der damals neuerrichteten Eckgebäude zurückgenommen werden mußte. Trotz dieser jetzt wieder neu geknüpften, direkten Beziehung zwischen Marienplatz und Peterskirche gehört das Rathaus nicht zur Peterspfarrei. Seit 1271 läuft nämlich im Bereich der Altstadt die Grenze zwischen der Peterspfarrei und der Frauenpfarrei exakt auf einer gedachten Mittellinie des heutigen Marienplatzes und der sich anschließenden Kaufinger-/Neuhauserstraße.

Problematischer ist freilich die Situation an der Südwestecke des Marienplatzes. Hier drängt sich ein 1969 bis 1972 entstandenes Kaufhaus gleich einer »Warenfestung« in das Ambiente. Diese eigentlich nicht vorgesehene Dominanz geht ausschließlich auf die Zurückverlagerung der dem Rathaus gegenüberliegenden Südfront des Marienplatzes nach 1945 zurück (ca. neun Meter). Da das Kaufhaus, das an der Ecke Rosen-/Kaufingerstraße steht, die historische Baulinie der Kaufingerstraße einhält, ragen seine Abmessungen in den künstlich geschaffenen Freiraum an der Südwestecke des Platzes hinein und zwingen diesem die eigene architektonische Prägung auf. Zwischen dem mit großflächigen Granitplatten verkleideten Gebäude und der phantasievollvielgestaltigen Hausteinfassade des Rathauses entstand ein echter Mißklang, über dessen Beseitigung zyklisch in der

Blick aus dem Rathaus auf die Südfront des Marienplatzes zwischen Rindermarkt und Rosenstraße, 1985, Fotograf Th. Koller.

Öffentlichkeit diskutiert wird. Ältere Münchner bedauern noch immer, daß der ausgewogene und harmonische Vorgängerbau, nämlich das aus dem Jahre 1912 stammende Gebäude der Firma Roman Mayr, 1969 ohne viel Federlesens dem als so fortschrittlich angepriesenen Kaufhausneubau geopfert wurde.

Allerdings zeichnen sich die übrigen Privatbauten im südlichen Platzbereich auch nicht gerade durch überzeugende Architektureinfälle aus. Dies hängt mit dem bereits erwähnten Münchner Stil der Nachkriegszeit zusammen, der bewußt auf Schlichtheit setzte, womit allerdings nicht eine dauerhafte Festschreibung von bunt bemalter Einfallslosigkeit gemeint sein konnte. Man darf gespannt sein, ob das umgestaltete Peterhof-Gebäude mit der Buchhandlung Hugendubel am Eingang zum Rindermarkt mit seinen angepaßt-modernen Akzenten Nachahmer finden wird.

Ins Auge gefaßt werden sollte auch das weiter östlich – links von Rischart's Backhaus – gelegene Haus, das an seiner Front einen überlebensgroßen, in Mosaik ausgeführten »Wilden Mann« zeigt. Es handelt sich um eine Darstellung des hl. Onuphrius, eines sogenannten Wüstenheiligen, dessen Kult seit dem 14. Jahrhundert in Europa Verbreitung gefunden hatte. Heinrich der Löwe soll eine Reliquie dieses Einsiedlers nach München gebracht haben, nach einer Stadtsage, die allerdings durch nichts beweisbar ist. Das Haus heißt seit dem 15. Jahrhundert Onuphrius-Haus, ein Gemälde an seiner Außenfront ist seit dem frühen 18. Jahrhundert belegt. Der hl. Onuphrius wurde sehr früh mit dem hl. Christophorus in Verbindung gebracht, schließlich auch mit ihm verwechselt. Überlebensgroße Darstellungen des hl. Christophorus sind im Mittelalter sehr verbreitet, vor allem als Außenfresken an Kirchen, Türmen und anderen gut einsehbaren Gebäuden. Dies hängt mit der Volksmeinung zusammen, daß der bewußt gesuchte Anblick dieses Heiligen für ebendiesen Tag vor einem jähen Tode schütze.

Glücklicherweise ist der Marienplatz heute kein unmittelbarer Gefahrenraum mehr für Leben und Gesundheit der vielen Passanten. Die schon seit Ende des 19. Jahrhunderts

Das Gebäude mit dem Freskobild des hl. Onuphrius, Aquarell 1890.

im gesamten Altstadtbereich zirkulierende Straßenbahn, vor allem aber die nach dem Ersten Weltkrieg einsetzende allgemeine Motorisierung hatte den Münchner Marienplatz zwischen den dreißiger und den sechziger Jahren unseres Jahrhunderts zu einem hektischen Verkehrsknotenpunkt gemacht. Schon 1877 war unter dem Tanzsaal des Alten Rathauses ein Durchbruch als zusätzliche Verbindung mit dem Tal geschaffen worden; 1934 mußte schließlich die gesamte Erdgeschoßzone dieses Gebäudes dem Verkehrsfluß geopfert werden. Seit den fünfziger Jahren war die Verkehrssituation im Bereich des Marienplatzes und der sich anschließenden Trasse Kaufinger-/Neuhauserstraße unhaltbar geworden, weshalb nach dem Bau von S- und U-Bahn die Umwidmung dieses ganzen Bereiches 1972 zu einer Fußgängerzone von allen Münchnern als echte Wohltat empfunden wurde. Lediglich der Ostteil des Marienplatzes wirkt gegenwärtig durch eine Verkehrsfurt zwischen Dienerstraße und Rindermarkt etwas isoliert, was sich für die Gesamtproportion des Platzes nachteilig auswirkt. Es ist keine leichte Aufgabe für die Verantwortungsträger der Stadt, den Marienplatz von der allenthalben um sich greifenden Kommerzialisierung einigermaßen freizuhalten und das Ensemble vor weiterer baulicher Beeinträchtigung zu bewahren.

Die Mariensäule

Die Mariensäule, Holzschnitt um 1860.

Mitten auf dem Hauptplatz Münchens erhebt sich seit 1638 die Mariensäule, die ihre Existenz einem Gelübde des bayerischen Kurfürsten Maximilian I. verdankt. Dieser gelobte ein gottgefälliges Werk, wenn seine Hauptstädte München und Landshut beim schwedischen Einfall während des Dreißigjährigen Krieges verschont blieben. Nach dem Abzug der Schweden aus München 1634 (sie forderten lediglich eine hohe Kontribution und nahmen dafür Geiseln) und der Rückkehr des Fürsten in seine Residenzstadt 1635 wurde die Denkmalsetzung auf diesem städtischen Platz beschlossen und vom Münchner Magistrat auch akzeptiert. Am 7. November 1638, dem ersten Sonntag nach Allerheiligen, erfolgte die feierliche Einweihung der Säule – an jenem Tag also, an dem alljährlich die

Die Mariensäule, Postkarte um 1910.

große Gedächtnisprozession für den Sieg Maximilians über die aufständischen Böhmen 1620 am Weißen Berg bei Prag gefeiert wurde. Die vergoldete Bronzefigur Mariens kam vom Hochaltar der Frauenkirche, für den Hubert Gerhard sie 1597 geschaffen hatte. Die 1639/40 entstandenen Bronzeputti auf dem Säulensockel versinnbildlichen Psalm 91, Vers 13: »Über die Schlange und den Basilisken wirst du schreiten, und den Löwen und den Drachen wirst du zertreten«. Diese Worte der Heiligen Schrift wurden auf die Gottesmutter und auf die von ihr abgewendeten großen Plagen der Zeit bezogen: Der Drache verkörpert den Hunger, der Löwe den Krieg, der Basilisk die Pest und die Schlange den Unglauben.

Damit erinnert die Mariensäule in erster Linie an eine besonders schwierige Phase der Münchner Stadtgeschichte. Sie ist darüber hinaus ein Denkmal für die klare konfessionelle Entscheidung Bayerns zugunsten des Katholizismus, die dazu führte, daß erst 1803 ein Protestant in München Bürgerrecht erhielt. Schließlich ist sie auch ein Symbol für das im Zeitalter des Absolutismus vom Fürsten wieder beanspruchte Verfügungsrecht über die Stadt und ihre Bewohner. Ohne Widerspruch des Magistrats markierte Maximilian den Mittelpunkt Münchens durch »seine« Säule. Wo in anderen deutschen Städten Marktkreuze oder Rolandsäulen die bürgerlichen Freiheiten verkünden, legt in München der Fürst ein öffentliches Bekenntnis für seine Religion und seine politische Überzeugung ab. Als »Patrona Bavariae« ist Maria Lehensherrin über Stadt und Land. Der Fürst, der stellvertretend für sie handelt, zwingt Bayern und München in ihrem Namen zu Disziplin und Unterwerfung.

Der Fischbrunnen

Unweit der Einmündung der Dienerstraße in den Marktplatz befand sich einst der Fischmarkt, in dessen Mittelpunkt ein Röhrenbrunnen mit fließendem Wasser stand. Dieses Wasser kam seit 1467 aus Quellen, die die Stadt bei Thalkirchen hatte fassen lassen. Wie alten Ansichten des Platzes zu entnehmen ist, legten die Fischer und Fischverkäufer in den Brunnen ihre sogenannten Lagerln mit den gefangenen Fischen ein. In der Mitte des Brunnens befand sich eine steinerne Säule, die von einem wappentragenden, mit einer Fahne ausgestatteten Ritter gekrönt war. Ende des 18. Jahrhunderts wurde diese Figur durch eine große

Der 1862/65 umgestaltete Fischbrunnen, um 1890.

Ziervase ersetzt. 1862 bis 1865 erneuerte der Bildhauer Konrad Knoll den Brunnen völlig; zwischen wasserspeienden bronzenen Delphinen und Löwenköpfen schütteten vier Metzgerlehrlinge Wasser aus Eimern ins Brunnenbecken, über ihnen waren vier musizierende Knaben pla-

Der nach der Kriegszerstörung neugestaltete Fischbrunnen, 1985, Fotograf Th. Koller.

ziert. An oberster Stelle brachte ein Altgeselle der Metzgerzunft mit erhobenem Becher ein »Hoch« auf das Königshaus aus. Damit erinnerten die Figurengruppen an den jährlich am Fastnachtsmontag durchgeführten »Metzgersprung«, eine alte Freisprechzeremonie der Metzgergesellen, die bei dieser Gelegenheit ins Brunnenwasser getaucht wurden. Dieser nasse Zunftbrauch war 1837 wegen der in München grassierenden Cholera untersagt worden, wurde aber nach der Fertigstellung des neuen Brunnens wiederaufgenommen und mit Unterbrechungen bis 1930 fortgesetzt. Der schwer kriegszerstörte Brunnen wurde 1954 unter Verwendung erhaltener Figuren durch Joseph Henselmann neu gestaltet; die musizierenden Knaben wurden leider ins Karlstor verbannt. Eine besondere Belustigung der Münchner Bevölkerung ist das alljährlich am Aschermittwoch vorgenommene »Geldbeutelwaschen«, bei dem u. a. auch der Oberbürgermeister und der Stadtkämmerer Gelegenheit finden, auf die angespannte öffentliche Finanzlage augenfällig hinzuweisen. Darüber hinaus besitzt der Fischbrunnen für alle Münchnerinnen und Münchner noch einen weiteren »Stellenwert«: Er ist einer der beliebtesten Verabredungs- und Treffpunkte im Stadtzentrum.

Der Marienhof

An der Nordseite des Rathauses erstreckt sich zwischen der Landschaftsstraße und der (nach dem Zweiten Weltkrieg beträchtlich nach Norden verlegten) Schrammerstraße ein großes quadratisches Freigelände, das seit den Anfängen Münchens eigentlich immer dicht bebaut war. Hier stand im Mittelalter eine jüdische Synagoge (1442 in eine Marienkapelle mit dem Namen »Gruftkirche« umgewandelt), und hier befand sich auch das im 17. Jahrhundert von Enrico Zuccalli erbaute Kloster der Englischen Fräulein, das nach der Säkularisation bis Anfang unseres Jahrhunderts als Polizeipräsidium gedient hatte. Dieses von Fliegerbomben besonders schwer gezeichnete Areal hinter dem Rathaus wurde nach 1945 völlig abgeräumt und sollte in der Folge mit einem durch Passagen und Innenhöfe erschlossenen, modernen Gebäudekomplex überbaut werden, für den seit 1956 der Name »Marienhof« belegt ist. Der Begriff ist selbstverständlich vom nahegelegenen Marienplatz abgeleitet und sollte die Attraktivität der Wohnungen und Läden erhöhen. Die Planung von 1956 wurde nicht realisiert, doch in der sich anschließenden Dauerdiskussion um die Zweckmäßigkeit einer Bebauung wurde der Name für den Gebäudekomplex auf das Freigelände selbst übertragen. Alle bisher vorgetragenen Bebauungsplanungen führten zu leidenschaftlichen öffentlichen Auseinandersetzungen – mit dem Endergebnis, daß alle Entwürfe schließlich zu den Akten gelegt wurden. Der häßliche Parkplatz, der das gesamte Areal viele Jahre lang prägte, ist inzwischen verschwunden, und der »Marienhof« zeigt sich heute als kleiner Innenstadtpark, der bei der Bevölkerung und den Besuchern Münchens hoch im Kurs steht.

Das Alte Rathaus

Schon seit der Gründung des Marktes München unterlag die Ostseite des heutigen Marienplatzes – dort, wo die von der Isarbrücke herkommende Salzstraße über eine künst-

Der Gesamtkomplex des Alten Rathauses, vom Tal aus gesehen, 1805, Kupferstich von F. Bollinger. Das Eckgebäude links gehörte zum Kleinen Rathaus. Davor der Eingang zur Fleischbank.

Front des Kleinen Rathauses zum heutigen Marienplatz, 1850, Zeichnung O. L. Rickerl.

liche Eintiefung zur Altstadtterrasse aufstieg – einer besonderen Kontrolle durch Bauten der Stadtherrschaft. Ein Wehrturm, der als Zollstation fungierte, war Mittelpunkt eines Gebäudekomplexes von nicht näher bekanntem Ausmaß, der sich einerseits an das Petersbergl anlehnte, andererseits aber auch einen nördlichen Anschluß besaß. Dieses Gebäude hatte eine Befestigungsfunktion gegenüber dem (damals noch außerhalb des Marktbereiches) gelegenen Tal und war durch eine im Osten der Burgstraße ver-

Sitzungszimmer des Magistrats im Kleinen Rathaus, 1869, Aquarell von J. Resch.

laufende Wehrmauer mit dem eigens befestigten Alten Hof in Verbindung gesetzt. Mit der zu Beginn des 13. Jahrhunderts einsetzenden Übertragung von Herrschaftsrechten auf die Münchner Bürger (deren Oberschicht zunächst aus herzoglicher und bischöflicher Ministerialität stammte) wurde der Gebäudekomplex um das Zolltor auch zu einem Zentrum bescheidener bürgerlicher Selbstverwaltung. Hier versammelte sich der seit 1286 urkundlich nachweisbare Rat, seit 1310 wird das Gebäude in den Quellen immer wieder als »der Stadt Haus« oder als »Haus der Bürger« bezeichnet. Über die innere Einteilung dieses älteren Rathauses kann keine Aussage gemacht werden, wir wissen lediglich, daß nach 1392 ein Saal eingebaut wurde, der in der folgenden Bürgerrevolution Tagungsort des »Großen Rats der Dreihundert« wurde. Dieser Umbau bedingte eine Ausdehnung der kommunalen Amtsräume in Richtung Petersbergl, weshalb vom Rat auch Privatgebäude (Gollierhäuser) im Anschluß an den Torturm an der Südseite des

Kleiner Rathaussaal im Kleinen Rathaus, 1935.

Marktplatzes dazugekauft wurden. Der Torturm, der nach der Stadterweiterung in Richtung Isartor seine zentrale Kontrollfunktion ohnehin verloren hatte, wandelte sich bei dieser Gelegenheit zum Turm des Alten Rathauses, der zwischen den beiden Bauteilen vermittelte. Der Schwerpunkt der Ratstätigkeit wurde zu Beginn des 15. Jahrhunderts in den südlich gelegenen Bauteil verlegt, der auch den Namen »Kleines Rathaus« führte. Hier waren die Sitzungssäle des Inneren und des Äußeren Rates, hier verwahrte die Stadtkammer die öffentlichen Einnahmen, und hier wurden auch in einem Archivgewölbe die von Kaisern, Königen und Herzögen der Stadt gewährten Privilegien, Urkunden und Amtsbücher der Verwaltung aufbewahrt. Auch das Stadtgericht fand nach dem Abbruch des zunächst auf dem nördlichen Marktplatz gelegenen Rechtshauses hier eine neue Heimstatt. Ende des 19. Jahrhunderts erfolgte ein Umbau dieser Gebäude in neugotischem Stil; sie wurden damals nur noch vom Stadtarchiv und vom Standesamt München I genutzt.

Kleines Rathaus (damals Standesamt) und Ratsturm vom Petersbergl aus gesehen, um 1900.

Leider steht heute vom Kleinen Rathaus kein Stein mehr auf dem anderen. Nach der Kriegszerstörung von 1943/45 wurde mit dem Turm des Alten Rathauses auch der gesamte, südlich anschließende Baukomplex abgetragen. Während der Alte Rathausturm 1972 bis 1974 in einer fiktiven mittelalterlichen Gestaltung (Planung: Erwin Schleich) von Grund auf neu gebaut wurde, entschied man sich damals dafür, den südlichen Anschluß nicht wiederherzustellen. Der Nordteil der kleinen Terrasse hinter der Peterskirche, von der aus man zur Heiliggeistkirche, zum Tal und zum Viktualienmarkt hinunterblicken kann, kennzeichnet in etwa die Situation des wohl für immer verlorenen Kleinen Rathauses.

Nun aber zur Geschichte des nördlich an den Rathausturm anschließenden Bauteils, auf den allein heute der Begriff »Altes Rathaus« reduziert ist:

1460 war nach einem Blitzschlag in den Rathausturm der gesamte Gebäudekomplex des älteren Rathauses durch einen Brand stark in Mitleidenschaft gezogen worden, weshalb über einen Neubau nachgedacht wurde. Für die zweite Hälfte des 15. Jahrhunderts sind in München wichtige Bauaktivitäten feststellbar, die von einer positiven wirtschaftlichen Entwicklung der Stadt bestimmt waren, daneben aber auch mit der wachsenden Bedeutung des wittelsbachischen Teilherzogtums Bayern-München zusammenhingen. Dem seit 1467 (nach der Entmachtung seiner älteren Brüder) allein regierenden Münchner Herzog Albrecht IV. war die politische Allianz der beiden noch existierenden bayerischen Teilherzogtümer München und Landshut ein besonderes Anliegen. Albrecht IV. versuchte auf diese Weise die Bedeutung des Hauses Wittelsbach aufzuwerten und seine Dynastie den übrigen Reichsfürsten als echte Alternative zu der durch Hausmachtspläne überstrapazierten Universalmacht Habsburg zu empfehlen. Sichtbarer Ausdruck dieses Bedeutungsanstiegs und des imperialen Anspruchs des Hauses Wittelsbach sollte der 1468 begonnene Neubau der Münchner Frauenkirche werden, in dessen Zentrum ein Hochgrab für den 1347 verstorbe-

Das Alte Rathaus und der Ratsturm im Osten des heutigen Marienplatzes, 1805, Kupferstich von F. Bollinger. Der Aufgang zum Großen Saal (Tanzsaal) erfolgte über die Tür unmittelbar an der Gebäudeecke.

nen wittelsbachischen Kaiser Ludwig den Bayern errichtet wurde. Der für den Bau der neuen Frauenkirche nach München beorderte Baumeister Jörg von Halsbach (auch Jörg von Polling, weil er in diesem Ort inzwischen ansässig geworden war) übernahm beim Stadtmagistrat das Amt eines »Obrist-Maurers«, eine Funktion, welche die technische Leitung aller städtischen Baumaßnahmen mit einschloß. 1470 begann Jörg von Halsbach im Auftrag der Stadt mit dem Neubau des Rathauses. Seine Bauaufgabe konzentrierte sich auf den nördlich des Rathausturmes anschließenden Trakt, wo in der Erdgeschoßzone ein neues Stadtgefängnis (Fronfeste) und ein von allen städtischen Bäckern bedientes Brothaus entstanden. Über der Sockelzone des Neubaus entstand ein großer Fest- und Tanzsaal, der dem Repräsentationsbedürfnis sowohl der Bürgerschaft als auch der Stadtherrschaft zu dienen hatte. Vorbild für diesen Tanzsaal war das Augsburger Tanzhaus am Weinmarkt, das heute nicht mehr existiert. Mit den Steinmetzarbeiten war neben Meister Jörg auch der Bildhauer Hans Halder befaßt, den Dachstuhl fertigte der Zimmermann Heinrich von Straubing, der gleichzeitig auch den riesigen Dachstuhl der Frauenkirche aufrichtete. Der fertige Neubau des Rathauses verband dieses Tanzhaus und den gestalterisch angepaßten Rathausturm jetzt erstmals zu einer architektonischen Einheit. Farbig eindrucksvoll akzentuierte Fassaden mit reichem heraldischem Schmuck verdeutlichten das Selbstbewußtsein des Münchner Magistrats, unterstrichen aber auch die allgegenwär-

Ein Fest im Großen Saal des Alten Rathauses, 1805, Kupferstich von F. Bollinger.

tige Präsenz der Stadtherrschaft. Vom Marktplatz aus führte eine breite Treppe direkt in das Obergeschoß, die bei der Anlage der ersten Durchfahrt unter dem Tanzsaal 1877 abgebrochen wurde. Desgleichen verschwunden ist 1877 der Pranger des Münchner Stadtgerichts, der die südwestliche Eckposition des Gebäudes vereinnahmte.

1476 wurde mit der Ausschmückung des großen Fest- und Tanzsaales im Obergeschoß begonnen, für den die Elite der Münchner Maler und Bildhauer arbeitete. Die große hölzerne, mit prachtvoll gestalteten Ziergurten versehene Tonnendecke schuf Hans Wenger, die Schnittpunkte dieser Gurtbänder schmückte Erasmus Grasser mit plastisch gearbeiteten Schilden, auf denen die aus der Genealogie abgeleiteten Machtpositionen der Münchner Linie des Hauses Wittelsbach zur Darstellung kommen. Im Zentrum der Holztonne erscheint in silbernem Strahlenkranz der doppelköpfige Reichsadler mit aufgelegtem wittelsbachischem Herzschild, der einseits eine Erinnerung an

Von E. Grasser geschaffener Wappenschild der Kurpfalz in der Holzdecke des Rathaussaales, 1943.

Großer Rathaussaal um 1945.

Kaiser Ludwig den Bayern ist, andererseits aber auch die noch andauernde Kaiserwürdigkeit der Familie Albrechts IV. thematisiert. Glänzenden Sternen gleich ziehen die heraldischen Sinnbilder den Gurtbögen folgend ihre Bahn und umkreisen den majestätisch als Zentralgestirn in der Deckenmitte prangenden kaiserlichen Adler. Sonne und Mond sind dieser Prachtentfaltung gegenüber zum Horizont abgestiegen. Man muß sich vorstellen, daß diese Decke einst auch mit Hunderten von vergoldeten Kupfernägeln geschmückt war, wodurch bei künstlicher Beleuchtung das gesamte hölzerne Gewölbe wie der sternenbesetzte Nachthimmel glänzte und schimmerte.

Situierung der Moriskentänzer des E. Grasser in der Saaldecke, 1935.

Die heutige Anordnung der Grasserschen Wappen entspricht nicht mehr dem ursprünglichen heraldischen Programm; 1726 wurde überdies ein vorhandenes Wappen ausgewechselt und durch den »Kurhut« ersetzt, der auf die unter Herzog Maximilian I. 1623 für die bayerische Linie des Hauses Wittelsbach erworbene Kurwürde hinweist. Am Ansatz des Tonnengewölbes läuft auf der Süd- und Nordseite des Saales ein Wappenfries, der in 99 (heute nur noch 95) Einzelschilden die Ordnungs- und Herrschaftsmächte der Welt in der Mitte des 15. Jahrhunderts zur Darstellung bringt. Dieser Fries symbolisiert damit die »irdische« Zone unterhalb der »himmlischen« Zone der Tonnenwölbung, beide Zonen verbinden sich miteinander zu dem von Gott geschaffenen Kosmos. Erfinder und Maler dieses heraldischen Arrangements war Ulrich Fuetrer, der bei Herzog Albrecht IV. in besonderer Gunst stand und für ihn auch eine bayerische Chronik verfaßte. Unterbrochen wird Fuetrers Wappenfries durch zehn Aussparungen unterhalb der ansetzenden Ziergurte. Hier befinden sich zehn Tänzer in

Freistehender Moriskentänzer,
um 1975.

bizarren Verdrehungen. Es sind dies die von Erasmus Grasser geschaffenen Moriskentänzer, die unstritig den künstlerischen Höhepunkt der gesamten Saalausstattung bilden. 1480 rechnete Grasser mit der Stadtkammer über 16 Figuren ab, doch wurden von Anfang an wohl nur zehn Tänzer dargestellt, da bei den Positionen zusammenlaufender Ziergurte eine ursprünglich vorgesehene paarweise Aufstellung aus Platzgründen nicht realisierbar war.

Die Moriskentänzer sind Akteure eines im 15. Jahrhundert noch sehr beliebten Tanzspiels; sie leiten ihren Namen von den damals noch in Südspanien herrschenden Mauren ab, mit deren wilden Gebärden und Bewegungen man diesen Modetanz wohl in Verbindung brachte. Es wäre selbstverständlich zu kurz gegriffen, würde man, der bisherigen Literatur folgend, die Moriskentänzer lediglich als eine Anspielung auf den Charakter des Tanzsaales verstehen wollen. Diese Funktion erfüllen sie nur vordergründig; darüber hinaus symbolisieren sie aber in erster Linie die Mechanik des Weltgebäudes, das alle Dinge und Menschen regierende Element einer andauernden Bewegung, dem die Sphären und Gestirne des Himmelsgewölbes ebenso folgen wie die großen und kleinen Herrschaftssysteme auf Erden. Nur das »Heilige Reich«, die gottgewollte Ordnungsmacht der christlichen Endzeit (verkörpert durch den strahlenumkränzten Doppeladler in der Deckenmitte), regiert das tägliche Auf und Ab, den Wandel und Wechsel aller genealogischen und politischen Konstellationen und Veränderungen.

Das gesamte Obergeschoß des Neubaus war nicht allein bürgerschaftlicher Fest- und Tanzsaal, sondern es war stets auch ein ganz selbstverständlich von der Landesherrschaft in Anspruch genommener und genutzter Repräsentationsraum. Hier versammelten sich auf Weisung des Herzogs die Landstände Oberbayerns, und hier ließen sich die wittelsbachischen Herzöge und Kurfürsten jeweils nach ihrem Regierungsantritt von den Ständevertretern feierlich huldigen. Gerade für diese zeremoniellen Veranstaltungen war das kosmisch-wittelsbachische Bildprogramm des Rathaussaales ein eindrucksvoller Rahmen, dessen symbolische Sprache erst im 19. Jahrhundert nicht mehr verstanden wurde. Auch die in der Münchner Residenz zu Besuch weilenden Kaiser ließen in diesem Festsaal die adeligen und patrizischen Familien zum Tanz bitten, und man kann sich gut vorstellen, wie die gemessene Bewegung der festlichen Menge mit der nur figürlich angedeuteten Bewegung des gesamten Raumes harmonierte und reale und irreale Ebenen miteinander vermengte. Da das historisierenden Stilformen eigentlich zugewandte 19. Jahrhundert den Sinn ausgerechnet dieses als Gesamtkomposition angelegten Saales verkannte, mußte der Raum mannigfaltige programmatische Veränderungen und Umbauten über sich ergehen lassen. Die Moriskentänzer des Erasmus Grasser wurden damals als geschmacklose Narrenfiguren abgenommen und vier Tänzer an den Bildhauer Ludwig Schwanthaler verschenkt, der sie an einen italienischen Kunstsammler weiterveräußerte. Erst 1887 konnten diese Figuren wieder von der Stadt zurückerworben werden.

Bei den Renovierungen des Alten Rathauses im 17. und 18. Jahrhundert war die überkommene spätgotische Gestaltung des Großen Festsaales kaum angetastet worden. Nur die Fenster paßte man dem Zeitgeschmack an, wie auch die Wände durch Freskierung bzw. durch angebrachte Ölgemälde (z. B. Herrscherporträts) dem neuen Stilempfinden huldigen mußten. Die wirklich wesentlichen Veränderungen vor dem 19. Jahrhundert betrafen die Außenfassaden und den Turm, dessen Spitze samt vier Ecktürmchen bereits 1672 einem Zwiebelturm hatte weichen müssen. Die Fronten des Rathauses gegen den Marktplatz und das Tal erfuhren wie der Rathausturm in der Barockzeit zunächst eine besonders prächtige, malerische Gestaltung mit Scheinarchitektur, Wappen, Karyatiden, mythologischen Figuren und Herrscherbildern. Ende des 18. Jahrhunderts setzte sich dann ein etwas schlichterer Außendekor im »Zopfstil« durch.

Eine grundsätzliche Veränderung erfuhr der Rathaussaal 1842, als man aus Anbiederei an den Geschichtssinn des regierenden Königs Ludwig I. die überlebensgroßen Gipsmodelle von zehn der zwölf von dem Bildhauer Ludwig Schwanthaler für den Thronsaal der Residenz geschaffenen bronzenen Standbilder hier aufstellte. Die wunderbare Holzdecke hatte man bereits 1824 anläßlich des fünfundzwanzigjährigen Regierungsjubiläums des Königs Max I. Joseph mit einem weißblauen Farbanstrich versehen. Der inneren Umgestaltung folgte in den Jahren 1861 bis 1864 die vom städtischen Baurat Arnold Zenetti vorgenommene

Regotisierung von Turm und Tanzsaaltrakt. Der barocke Zwiebelturm wurde wieder durch einen Spitzturm ersetzt, die Saalfenster erhielten Maßwerk, und die beiden einst eher breit angelegten Giebel verwandelten sich in hoch ansteigende gotische Treppengiebel, die obendrein mit Spitztürmchen versehen waren. Im Zentrum der Giebel wurden die Standbilder Kaiser Ludwigs des Bayern (Westfassade) und Heinrichs des Löwen (Ostfassade) angebracht. Nach ihrer Kriegsbeschädigung zeigen sie sich heute in ergänzter und erneuerter Gestalt. Besonderer Bedacht wurde auf den malerischen Schmuck des Rathausturmes gelegt, dessen Uhrblatt allegorische Figuren begleiteten; 1913 erhielt die dem Marienplatz zugewandte Seite eine riesige Darstellung der Patrona Bavariae und des Stadtpatrons St. Benno in Glasmosaik, die bis zur Kriegszerstörung Bestand hatte. Der Rathaussaal wurde erst bei der Restaurierung von 1883 bis 1889 von seiner weißblauen Verunstaltung und den monströsen Gipsmodellen befreit. Die damals gewünschte Rückführung auf das spätgotische Erscheinungsbild blieb freilich nur im Annäherungsbereich und erfuhr erst 1934/35 eine denkmalpflegerisch durchdachte Realisierung. Bei dieser letzten Vorkriegsrestaurierung wurde auch die Treppenanlage, die zum Saal hinaufführt (sie liegt eigentlich in einem ehemaligen Privatgebäude neben dem Saalbau), neu gestaltet.

Leider wurde das Alte Rathaus in den Bombennächten des Zweiten Weltkriegs besonders schwer in Mitleidenschaft gezogen. Zwar hatte man die Originale der Grasserschen und Fuetrerschen Bildwerke rechtzeitig geborgen, doch fiel die prächtige hölzerne Tonnendecke mit den kostbaren Ziergurten Wengers zwischen 1943 und 1945 mehreren Brand- und Sprengbombentreffern fast vollständig zum Opfer. Der Festsaalbau des Jörg von Halsbach überlebte das Kriegsende nur als ausgebrannte, dachlose Ruine, der Rathausturm und das sich südlich anschließende Kleine Rathaus waren zur Gänze vernichtet. Bei der Neugestaltung des Festsaales zu Beginn der fünfziger Jahre wurden die geschnitzten Deckenwappen Grassers durch kunstlose

Das zerstörte Alte Rathaus nach dem Fliegerangriff vom 17. Dezember 1944, Fotograf J. Meyer.

hölzerne Medaillons mit den Symbolen menschlichen Schaffens ersetzt. 1957 wurden erstklassige hölzerne Kopien der Moriskentänzer angefertigt und unterhalb des Wappenfrieses – so konnte man sie besser erkennen – an den Seitenwänden angebracht. Die Originalfiguren Grassers waren schon 1927 ins Münchner Stadtmuseum gekommen, seither hatten Gipskopien ihre Stelle vertreten. Der Kompromiß zwischen alten und neuen Elementen der Saalgestaltung wurde freilich nur vorübergehend akzeptiert; bei weiteren Restaurierungen des Alten Rathauses setzte sich schließlich das Konzept der Wiederherstellung des Vorkriegszustandes durch. Allein das Auge des Kenners vermag heute die spärlichen Reste der Wengerschen Originalgurte von ihren künstlerisch perfekt gearbeiteten Ergänzungen zu unterscheiden. Wieder flammt in der Deckenmitte der wittelsbachische Kaiseradler, um den sich die Wappenschilde Grassers gruppieren. Nur eines ist heute im Saal neu: An der Nordseite der Innenwand wurden Wappen von Münchner Patrizierfamilien aufgemalt. Dies ist ein interessantes Indiz dafür, daß auch heute noch die exklusive Ausrichtung des Bildprogramms auf das dominierende Repräsentationsbedürfnis der Landesherrschaft nicht verstanden wird. Patrizische Wappenbilder wären in diesem Raum zur Entstehungszeit als Vermessenheit der Münchner Bürgerschaft verstanden worden.

Wer heute das Alte Rathaus vom Marienplatz aus ins Auge faßt, erfährt den Tanzhausbau nur noch im Giebelbereich in der neugotischen Verkleidung von 1864; die Fenster sind wieder dem älteren historischen Erscheinungsbild angepaßt. Störend ist nach wie vor die völlige Aushöhlung der Erdgeschoßzone duch zwei Durchfahrten. Auch der 1974 frei geschaffene und gesucht historisierende Turm präsentiert sich mit seiner zu schweren Ziegeldeckung und dem fehlenden Südanschluß als eine durchaus noch verbesserungsfähige Architektursituation. Doch der im ersten Stock gelegene Tanzsaal (Zugang von der linksseitigen Durchfahrt) ist nach wie vor ein echtes Juwel der großen Münchner Bautradition.

Das Neue Rathaus

Landschaftsgebäude (links) und bürgerliche Trinkstube (rechts) an der Ecke zur Dienerstraße. Davor der noch klassizistisch gestaltete Fischbrunnen, Aufnahme um 1860. Hier entstand in der Folge der erste Bauabschnitt des Neuen Rathauses.

Um die Mitte des 19. Jahrhunderts begann die Bevölkerungszahl Münchens rasant anzusteigen. Wurden 1852 noch rund 95 000 Einwohner gezählt, so belief sich ihre Zahl 1861 bereits auf rund 130 000. Entsprechend diesem Stadtwachstum und den damit verbundenen vielfältigen Problemen mußte die Kommunalverwaltung Münchens auf eine Erweiterung ihrer Kompetenzen drängen. Bei der Wiederbegründung selbständiger Gemeinden in Bayern 1818 war der Stadtmagistrat nämlich nur als bloßes Ausführungsorgan der Staatsaufsicht eingerichtet worden, weshalb selbständige Entscheidungen nur in einem engen Kompetenzrahmen möglich waren. Dies sollte sich nun prinzipiell ändern: In einem zähen Ringen wurden der staatlichen Obrigkeit immer weitere Zuständigkeiten abgerungen; mit der Gemeindereform von 1869 konnte in der Folge dann in ganz Bayern ein weitgespannter Kompetenzrahmen durchgesetzt werden – ein Vorgang, der das Selbstbewußtsein aller Gemeindevertretungen natürlich gewaltig beflügelte. Dieses wachsende Selbstbewußtsein wollte sich nun auch in München ein Denkmal setzen. Bereits 1865 hatten beide Gemeindekollegien (Magistrat und Gemeindebevollmächtigte) den Ankauf des leerstehenden Regierungsgebäudes am Marienplatz um 400 000 Gulden beschlossen. An der Stelle, an der bisher die Staatskontrolle der Stadtverwaltung ihren Sitz gehabt hatte, sollte jetzt ein neues Rathaus enstehen. Bei dem ausgeschriebenen Wettbewerb kam der spätere Architekt des Neubaus, Georg von Hauberrisser (geboren 1841 in Graz, gestorben 1922 in

Das Neue Rathaus an der Ecke zur Dienerstraße, 1883, Fotograf M. Obernetter.

München), nicht unter die Preisträger; allein dem Umstand, daß von den 2 000 Gulden Prämie des nicht vergebenen Ersten Preises von der Jury weitere Planungsunterlagen angekauft wurden, verdankt Hauberrisser eine nochmalige Sichtung seiner Entwürfe und schließlich die überraschende Auftragserteilung. Dieser Auftragserteilung war eine Abstimmung vorangegangen, ob man das Neue Rathaus im Stil der Renaissance oder der Gotik errichten solle, wobei die Entscheidung für die Neugotik mit 11 zu 10

Stimmen denkbar knapp zustande kam. Am 25. August 1867 konnte im Beisein des Prinzen Adalbert von Bayern, des Vertreters des Königs, der Grundstein gelegt werden. Es entstand zunächst nur ein die Nordostseite des Marienplatzes einnehmendes, repräsentatives Gebäude mit Ziegelfassaden, die an den Blankziegelbau der Frauenkirche erinnern sollten. Haustein kam nur an den Fenstern, im wesentlichen aber an dem Mittelbau mit seiner künstlerischen Portalarchitektur und der stattlichen Erkerlaube (dem Fischbrunnen gegenüber) zur Anwendung. Durch diese etwas vorgeschobene Eingangszone mit dem hochaufragenden Giebel darüber erfuhr die Fassade zum Marienplatz hin eine deutliche Akzentuierung. Leider wurde diese vorgeschobene Mittelzone durch nachträglich der Fassade vorgeblendete Arkaden und einen »wittelsbachischen« Figurenschmuck (beide sind vom anschließenden dritten Bauabschnitt herübergezogen) später in den Gesamtbereich der Südfront integriert. Der 1870 von Bildhauern gestaltete Mittelbereich des Neubaus zielte auf das neugewonnene Selbstbewußtsein der Bürgerschaft und kam in vier großen Standbildern »bürgerlicher Tugenden« (Gewerbefleiß, Häuslichkeit, Wehrhaftigkeit und Mildtätigkeit) über dem Eingang zum Ausdruck. 1870 bezog allerdings auch die von der Münchner Garnison gestellte Hauptwache ihr neues Wachlokal in der Erdgeschoßzone des Rathausneubaus, wodurch die Präsenz des Staates in diesem kommunalen Kernbereich noch einmal deutlich wurde. Der Bezug des Rathauses durch die Stadtverwaltung erfolgte erst 1874; in einem provisorisch ausgestatteten Saal im dritten Stock tagte erstmals am 7. September 1874 der Münch-

Georg von Hauberrisser, der Architekt des Neuen Rathauses, um 1890.

Ein Bildhauer an der Arbeit, um 1905.

ner Stadtmagistrat im neuen Haus. Kurz vorher hatte auch der unter dem Neubau gelegene »Ratskeller« seine Pforten geöffnet, der die Tradition der alten Bürgertrinkstube (sie war ja mit dem Regierungsgebäude ebenfalls dem Neubau zum Opfer gefallen) an historischer Stelle fortsetzte. Seine breiten Kreuzgewölbe sorgten für eine behagliche Atmosphäre, die durch Ferdinand Wagners »launige« Fresken im Zeitgeschmack noch künstlerisch abgerundet wurde. In Anknüpfung an das mittelalterliche Vorbild betrieb die Stadt bis nach dem Zweiten Weltkrieg hier auch wieder einen Regieweinkeller, in dem städtische Kellermeister und Küfer für ein gut sortiertes und gelagertes Angebot des edlen Rebensaftes sorgten.

Eine besonders reiche Ausstattung sollten die beiden Sitzungssäle der Bürgervertretung (Kollegium der Gemeindebevollmächtigten und Kollegium des Magistrats) erhalten.

Der größere, den Gemeindebevollmächtigten zugedachte Saal (heute Sitzungssaal des Stadtrats) wurde zum Wittelsbacherjubiläum 1880 an der Stirnseite mit einem Monumentalgemälde des damals wohl renommiertesten Münchner Malers, Karl von Piloty, geschmückt. Das 15 Meter breite und beinahe vier Meter hohe Bild zeigt viele um das Stadtwohl hochverdiente Personen aus allen Jahrhunderten der Münchner Geschichte, die sich um die stolze Frauengestalt der »Monachia« geschart haben. Die Analogie zu dem von der Ruhmeshalle umgebenen Standbild der Bavaria an der Theresienwiese liegt auf der Hand: Wie dort in der Plastik sollte hier in der Malerei die enge Verbindung zwischen einem Sinnbild der Geschichte und den geschichtsgestaltenden Personen aufgezeigt werden. Das riesige Bild zierte bis 1952 den großen Sitzungssaal, dann

Der Große Sitzungssaal im Rathaus mit dem von K. v. Piloty geschaffenen Gemälde der Monachia. Aufnahme vor der Umgestaltung 1952.

wurde es wegen technischer Umbauten abgehängt und durch einen großen historischen Gobelin ersetzt.

Man kann sich des Eindrucks nicht erwehren, daß die Vertreter der Münchner Bürgerschaft die von Piloty geschaffene monumentale Selbstinszenierung Münchens etwas übertrieben fanden; als 1888 anläßlich der großen öffentlichen Gedenkfeiern an König Ludwig I. der kleinere, magistratische Sitzungssaal malerisch ausgestaltet wurde, zeigte es sich, daß der Künstler Wilhelm Lindenschmit hier erneut eine Monachia als Fresko geschaffen hatte, die allerdings jetzt von König Ludwig I. gekrönt wurde. Damit wollte man »pflichtschuldig« an den Umstand erinnern, daß München seinen Aufstieg zu einer erstrangigen Kunststadt Europas allein dem Bauwillen und dem Sammlungseifer dieses Regenten zu verdanken hatte.

Schon bald stellte sich heraus, daß der Rathausneubau für die steigenden Aufgaben der Stadtverwaltung zu klein kon-

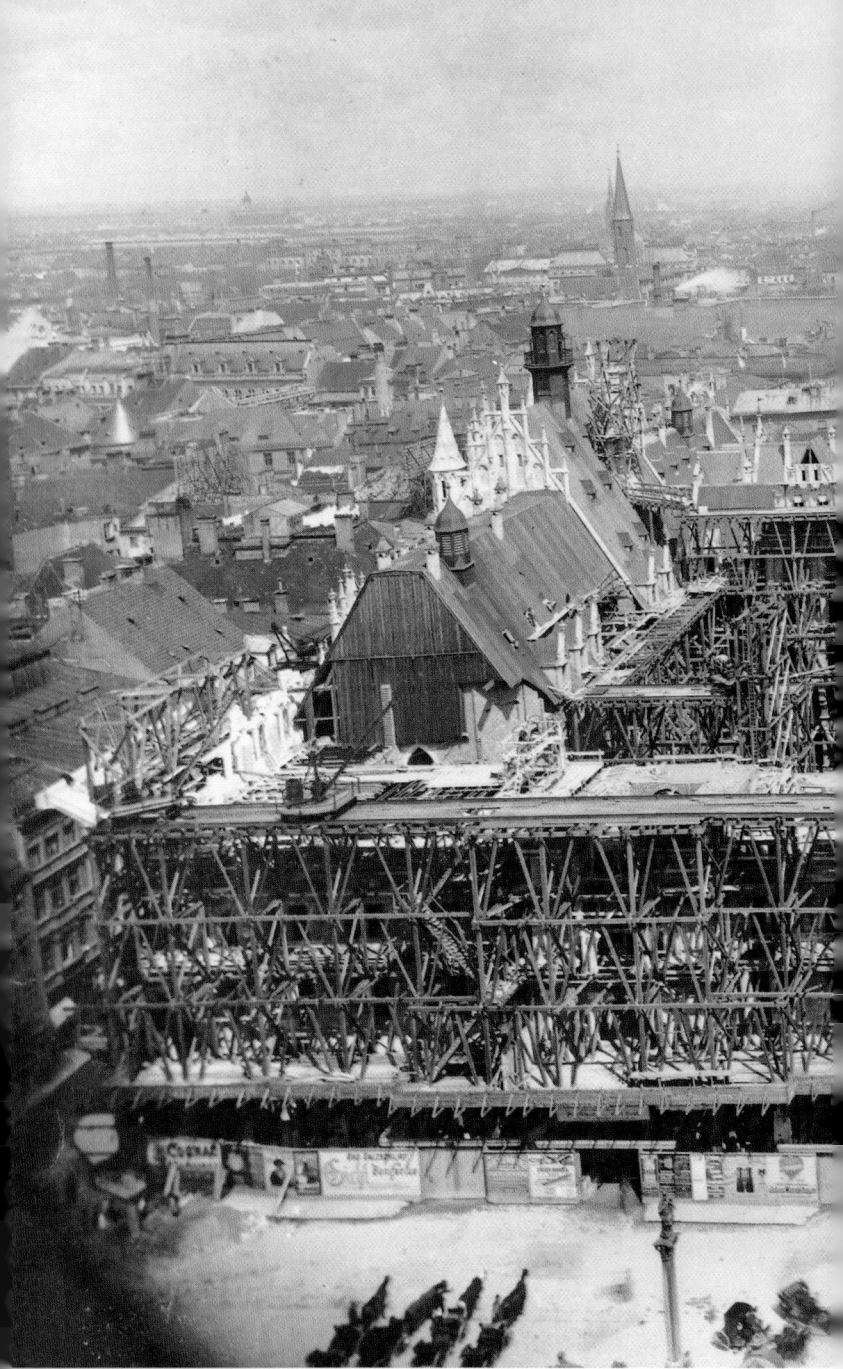

Arbeiten am dritten Bauabschnitt des Neuen Rathauses, um 1903.

zipiert war. So entschloß man sich bereits 1875 zu einer mehrstufigen Vergrößerung des Gebäudes und erwarb zu diesem Zweck nach und nach alle noch existierenden 16 Nachbaranwesen in dem vom Marienplatz, Diener-, Landschaft- und Weinstraße begrenzten Viereck. Die Erweiterungsmaßnahmen begannen 1889 im Bereich der Diener- und Landschaftstraße, wo man den Backsteinbau des ersten Bauabschnittes einfach fortsetzte. Zehn Jahre später, 1899, begannen die Arbeiten für die letzten Rathauserweiterungstrakte an der Landschafts- und Weinstraße und am Marienplatz. Mit dem Aufsetzen des in Kupfer getriebenen Münchner Kindls auf die Spitze des 85 Meter hohen Turmes 1905 war der quadratisch angelegte Riesenbau zum Abschluß gelangt, doch dauerte es noch vier Jahre, bis die künstlerische Ausschmückung der Fassaden und die innere Ausgestaltung des Gebäudes vollendet waren. Die Fassade am Marienplatz, die sich direkt an den ersten Bauabschnitt anschloß, unterschied sich von diesem in Stil und Material. Hatte man zunächst durch die Verwendung des Backsteins noch an die Bautradition der spätgotischen Frauenkirche anknüpfen wollen, so löste man sich nun gänzlich von dieser Vorgabe und schuf durch die ausschließliche Verwendung des Tuffsteins für die glatten Flächen und des Kelheimer Kalksteins für die Steinmetzarbeiten die ideale Möglichkeit für eine freie Kopie der künstlerisch besonders hochentwickelten flämischen Gotik. Spitzbogenarkaden, Terrassen, Galerien, Gesimse, durchbrochene Brüstungen, Wasserspeier, Türmchen, Zinnen, Konsolen, Kreuzblumen, Wimperge, Fialen und eine vom Auge kaum noch entwirrbare grotesk-figurale Inszenierung machten den zweiten und dritten Bauabschnitt zu einem architektonischen Kuriosum, das Staunen, Bewunderung, aber auch krasse Ablehnung hervorrief. Das Gedränge der Bildwerke an den Fassaden der neuen Bauabschnitte schien dem Publikum so groß, daß 1905 eine satirische Zeitschrift eine Zeichnung des allgemeinen »Konkurrenzkampfes« veröffentlichte und die Bildunterschrift vor dem Zuzug weiterer gotischer Figuren dringend warnte. Kritisch kommentiert wurde auch, daß an der Schauseite des Rathauses zum Marienplatz hin –

Das fertiggestellte Rathaus am Marienplatz, 1909.

auch unter nachträglicher Einbeziehung des ersten Bauabschnitts – schließlich über 40 Statuen aller Stadt- und Landesherren seit dem 12. Jahrhundert Aufstellung fanden. Es sei ja grundsätzlich ein schöner Gedanke, die um München verdienten Herzöge, Kurfürsten und Könige der Stadtbevölkerung in Erinnerung zu rufen, doch vertrüge sich ihr massenhaftes Auftreten am Rathaus eigentlich schlecht mit dem neugewonnenen Selbstbewußtsein der Münchner Bürgerschaft. Diese künstlerische Manifestation der »Abhängigkeit« der Stadt München von der Landesherrschaft lief in der Tat der neuesten Stadtentwicklung entgegen und kann für die Jahre kurz vor dem Ersten Weltkrieg bereits als Anachronismus bezeichnet werden, doch reiht sich dieses Erscheinungsbild des Neuen Rathauses in die Gesamtsituation des Marienplatzes (vgl. Mariensäule und Altes Rathaus) konsequent ein: Jahrhundertelang waren Leistungen und Ansprüche der Münchner Bürgerschaft der Kontrolle und dem direkten Einfluß der bayerischen Regenten unterworfen, war die Bürgerstadt das Experimentierfeld für die »ideale Landeshauptstadt« gewesen. Bis in die Gegenwart hinein zieht sich diese kontroverse Ausgangslage zwischen Staat und Stadt, zwischen Staatskanzlei und Rathaus.

Wer heute vom Marienplatz aus die »Nahtstelle« zwischen dem noch mehr bürgerschaftlich ausgerichteten, schlichteren ersten Bauabschnitt und dem dritten Erweiterungstrakt sucht und sich zu einer näheren Erkundung des Neuen Rathauses entschließt, kann sich an dem von Ferdinand von Miller modellierten bronzenen Reiterstandbild des Prinzregenten Luitpold (1888–1912) orientieren. Rechts von dieser Plastik der ältere, links davon der neuere Bauteil.

Es darf nicht unerwähnt bleiben, daß an zwei Ecken des Rathausneubaus auch eine Stadtsage und alte Hausnamen plastisch zur Darstellung kommen. An der Ecke zur Weinstraße windet sich ein großer bronzener Lindwurm, über dem die Entstehungsgeschichte des Münchner Schäfflertanzes in Bildhauerarbeit ausgeführt ist. Einer Legende nach sollen die Schäffler ihren Tanz an dieser Stelle zum erstenmal aufgeführt haben, nachdem die Stadt von einem gefährlichen Lindwurm (der Pest) befreit worden war. Nun wissen wir inzwischen, daß der Schäfflertanz nichts mit den Münchner Pestepidemien zu tun hat, sondern erst im späten 17. Jahrhundert als zeittypischer Handwerkstanz quellenmäßig belegt ist. Die Begebenheit mit dem Lindwurm ist in Wirklichkeit lediglich auf den an dieser Ecke ge-

Das Lindwurmeck am Beginn der Weinstraße, um 1910.

bräuchlichen Hausnamen »Wurmeck« zurückzuführen. Dieses Wurmeck leitet sich von einem hier einst angebrachten Fresko des den Drachen bekämpfenden hl. Georg ab. Dieser Heilige war im Spätmittelalter beim Adel besonders beliebt und wurde gern zum Patron ritterlicher Turniergesellschaften erwählt. Auch eine andere Herleitung ist möglich: Das Eckgebäude gehörte um 1310 einer Familie Schönecker, die einen heraldischen Panther im Wappen führte. Der heraldische Panther ist nun genauso gestaltet, wie man sich im Mittelalter einen Lindwurm vorstellte (Drachenkopf, Löwenleib, Adlerklauen). Vielleicht wurde auch das ursprüngliche Familienwappen mit der Zeit nicht mehr verstanden und schließlich durch einen hl. Georg wieder zu einer sinnvollen Darstellung »erweitert«.

An der Ecke Wein-/Landschaftsstraße finden wir die plastische Darstellung eines Holzhackers. Hier war nämlich bis ins 19. Jahrhundert der Hausname »Kloiber-Eck« gebräuchlich, der in der Volksetymologie von »kloiben« (holzhacken) abgeleitet wurde. Bei näherer Beschäftigung mit den stadtgeschichtlichen Quellen zeigt sich allerdings, daß dieser Name von einem Weinschenk und Salzsender Jakob Klewber abgeleitet ist, der 1415 Besitzer dieses Eckhauses geworden war.

Bevor man das Neue Rathaus im Inneren in Augenschein nimmt, sollte die Aufmerksamkeit noch dem sogenannten Prunkhof gelten, den man entweder durch das Turmportal oder durch einen Eingang von der Weinstraße her betritt. Der quadratische Hof wird im Norden von der Kassenhalle begrenzt, die heute nicht mehr ihrem ursprünglichen Zweck dient, sondern als städtischer Ausstellungsbereich genutzt wird. Besondere Beachtung verdient ein in den Hof einspringender Treppenturm, der als Hauptmotiv in Dekoration und Figurenschmuck die vier Menschenalter zeigt. Als Skulpturen sind die männlichen Entwicklungsstufen (Knabe, Jüngling, Mann, Greis) ausgeführt, denen wiederum die weiblichen Lebensphasen jeweils als Konsolen »dienen« (!): Diese für uns provokante Darstellung entsprach freilich dem patriarchalischen Denken der Zeit um die Jahrhundertwende. Das Thema der menschlichen Entwicklung wiederholt sich auch in den Giebeln über der dritten Turmetage, diesmal mit tierischen Persiflagen auf Abschnitte der menschlichen Lebenszeit.

Empfehlenswert ist der Besuch der Galerien des Rathausturmes (Lift im Turmportal). Von dort aus gewinnt man nicht nur einen guten Überblick über die räumlichen Verhältnisse von Marienplatz und Rathaus, sondern kann auch das gesamte Altstadtpanorama bewundern. Besonders reizvoll ist dabei der Umstand, daß man sich genau zwischen

Stiegenhalle im dritten Stock des ersten Bauabschnittes, 1883, Fotograf M. Obernetter.

den beiden großen Altstadtkirchen, St. Peter und Unserer Lieben Frau, befindet.

Das Innere des Neuen Rathauses (Eingang am besten vom Fischbrunnen her) besticht ab der ersten Etage durch die großzügigen Säulengänge des Südtraktes, die sich allerdings leicht versetzt aneinanderschieben (da ja zwei Bau-

Vorzimmer des Großen Sitzungssaales, 1883, Fotograf M. Obernetter. Wie in allen repräsentativen Räumen ist hier die gesamte Einrichtung konsequent im Stil der Neugotik ausgeführt.

Die Juristische Bibliothek, 1909.

teile aufeinandertreffen), so daß der Ausgleich der Ebenen durch kleine Treppenabsätze notwendig wird. Achtung: Selbst geübte Rathausbesucher können sich hier leicht verlaufen! In den Treppenhäusern und auf den Korridoren entdeckt man eine große Zahl bunter Glasfenster, die erst in den letzten Jahren mühevoll rekonstruiert wurden, nachdem die Originale im Luftkrieg zerstört worden waren. Sie zeigen topographische Ansichten, gewerbliche Symbolik, Wappen und dergleichen und sprechen für den weitgespannten Kreis der Stifter, zu denen Bürger, Vereine, Innungen und befreundete Städte gehörten. Die Glasfenster erinnern daran, daß die gesamte Innenausstattung des Neubaus einst als ein »Gesamtkunstwerk« verstanden wurde, das selbst die Schränke, Schreibtische und Stühle in den Amtszimmern mit einschloß. Von diesem neugotischen Mobiliar (Hauberrisser-Stil) haben sich nur noch wenige Ensembles erhalten, wozu insbesondere der Bereich der Sitzungssäle und die Juristische Bibliothek gehören.

Im Zweiten Weltkrieg hat das Neue Rathaus zwar vielfältige Beschädigung, jedoch keine substantielle Zerstörung erfahren. Lediglich der Trakt an der Landschaftsstraße wurde schwerer in Mitleidenschaft gezogen und mußte teilweise neu aufgeführt werden. Unmittelbar nach Kriegsende war das Neue Rathaus ein Hauptsitz der amerikanischen Militärregierung, die städtischen Behörden fungierten nur noch als Untermieter und Befehlsempfänger. Der erste freigewählte Münchner Stadtrat nach Kriegsende trat am 6. Juni 1946 im provisorisch eingerichteten großen Sitzungssaal zusammen und berief Karl Scharnagl zum Oberbürgermeister und Thomas Wimmer zum Zweiten Bürgermeister. In der schwierigen Wiederaufbauzeit nach dem Zweiten Weltkrieg hat die demokratisch legitimierte Münchner Stadtverwaltung die gesamte Entwicklung des modernen München maßgeblich gestaltet. Damit erhielt auch das Neue Rathaus im Bewußtsein der Münchner Bevölkerung einen neuen Stellenwert und marginalisierte erstmals in der Stadtgeschichte die auf München bezogene Bedeutung der jeweiligen Staatsregierung.

Das Glockenspiel

Für die vielen Fremden, die München besuchen, ist die größte Attraktion des Münchner Rathauses das Glockenspiel. Es befindet sich an der dem Marienplatz zugewandten Front des Rathausturmes und wurde 1908 eingerichtet. In einem kunstvollen Erker zeigen sich um elf, zwölf und um 17 Uhr mehrere bunte Figurengruppen, die in der obersten Bildebene ein Ritterturnier vor dem Fürstenpaar veranstalten, worauf sich nach Abschluß dieses Kampfspieles in der unteren Bildebene die Münchner Schäffler zum Tanz drehen. Ein krähender Hahn in der Giebelspitze verkündet das Ende des Spiels. Das Ritterstechen erinnert an ein 1568 auf dem heutigen Marienplatz abgehaltenes großes Turnier, das die Hochzeit des bayerischen Erbprinzen Wilhelm V. mit Renata von Lothringen feierte. Es war dies damals eine fürstlich-adelige Großveranstaltung, bei der die Münchner Bürger eher nur die Zuschauer abgeben durften. Diese Fürstenhochzeit hatte übrigens auch politische Konsequenzen: Im Jahrhundert der Reformation stärkte der Ehebund zwischen den romtreuen Herzogtümern Bayern und Lothringen die Sache des Katholizismus im Reich. Vor allem aber erwies sich der aus dieser Eheverbindung hervorgegangene bayerische Herzog Maximilian I. (auch er war in erster Ehe mit einer lothringischen Prinzessin verheiratet) als herausragendes politisches Talent. Als Haupt der Katholischen Liga gelang es ihm, in der militärischen Auseinandersetzung des Dreißigjährigen Krieges den Besitzstand der katholischen Mächte und die Führungsrolle des Hauses Habsburg in Deutschland erfolgreich zu wahren und das eigene Herzogtum zu vergrößern und zu einem Kurfürstentum zu erheben.

An dieser Stelle sei noch ein zeitgeschichtlicher Nachtrag erlaubt: Die 37 Glocken dieses Glockenspieles sind eine Stiftung des Münchner Geschäftsmannes Karl Rosipal von 1904. Rosipal sollte später schlechten Dank für sein Mäzenatentum ernten: Als man 1939 feststellte, daß der Verstorbene »nicht ganz arischer Herkunft gewesen sei«, schreckte

Das Glockenspiel am Rathausturm, Postkarte um 1910.

der besonders antisemitisch eingestellte damalige Oberbürgermeister nicht davor zurück, die Stiftung rückgängig zu machen und die gestiftete Summe den Erben zurückzuzahlen.

Stadtbauamtsgebäude und Technisches Rathaus

Auch der zweite und dritte Bauabschnitt des Neuen Rathauses waren nicht in der Lage, die Stadtverwaltung Münchens in einem zentralen Gebäude zusammenzufassen. So waren wichtige Bereiche der städtischen Leistungsverwaltung (z. B. Straßenbahndirektion, Gas- und Wasserwerke) außerhalb der Rathausplanung geblieben, und auch das für die bauliche Entwicklung Münchens zuständige Stadtbauamt plante parallel zur Vollendung des Rathausneubaus ein eigenes großzügiges Dienstgebäude. Dieser Neubau entstand 1906 bis 1908 im Tal, unmittelbar hinter dem Alten Rathaus, und wurde von Hans Grässel in den Formen der Deutschen Renaissance ausgeführt. Die Position dieses Gebäudes entsprach dem einstigen Stadtoberrichterhaus (auch Stadtschreiberhaus genannt), das nach der Aufhebung der städtischen Gerichtsbarkeit 1802 weiter der magistratischen Verwaltung gedient hatte und deshalb im 19. Jahrhundert den schönen Namen »Administrationsgebäude« trug. Über den offenen Pfisterbach (hier wurde erst 1906 die Sparkassenstraße angelegt) zog sich von diesem Haus schon immer ein kleiner hölzerner Übergang hin zum Tanzsaalbau, der ja über den Rathausturm wiederum in direkter Verbindung mit dem Kleinen Rathaus stand. Dadurch waren alle Teile der kommunalen Verwaltungszentrale miteinander in Verbindung gesetzt. Von 1848 bis 1874 befand sich im Administrationsgebäude sogar der Sitzungssaal der Gemeindebevollmächtigten, während das Kollegium der Magistratsräte weiter im Kleinen Rathaus tagte.

Das von Hans Grässel neugeschaffene Stadtbauamtsgebäude wurde ergänzt durch den ebenfalls von Grässel entworfenen, einfühlsamen Bau der Stadtsparkasse an der Ledererstraße. Heute dient der gesamte, erst 1989 bis 1992 durch Paolo Nestler geglückt neugestaltete Komplex zwischen Sparkassen-, Lederer- und Maderbräustraße der Stadtsparkasse. Der jetzt gemauerte Übergang, der sich über die Sparkassenstraße schwingt und das Alte Rathaus

Das ehemalige Stadtbauamtsgebäude (heute Stadtsparkasse) im Tal mit dem Übergang zum Alten Rathaus, 1985, Fotograf Th. Koller.

mit diesem Bau verbindet, erinnert noch heute daran, daß wir es hier eigentlich mit einer einstigen Rathauserweiterung zu tun haben.

Bereits vor dem Ersten Weltkrieg wurden auch für einen zusätzlichen Rathausneubau im Bereich des Unterangers Planungsüberlegungen angestellt. Nach Beseitigung der sogenannten Angerfronfeste entstand im Anschluß an das Angerkloster in den Jahren 1915 bis 1918 zunächst der große Neubau für die Verwaltung des städtischen Gaswerkes. 1919 wurde ein Wettbewerb ausgeschrieben, der die Bebauung des städtischen Grundstückes zwischen Unteranger und Blumenstraße zum Ziel hatte. Preisträger wurde der Architekt Hermann Leitenstorfer, der nach seinem Eintritt in die Stadtverwaltung Raumprogramm und Fassadengestaltungen weiterentwickelte. Horizontal gelagerte Flügelbauten an der Blumenstraße und am Unteranger mündeten in einen betont aufstrebenden Kopfbau gegenüber dem Marionettentheater, der natürlich an die Situation der Schrannenhalle anknüpft, deren Nordteil diesem Komplex geopfert werden mußte (Abbruch 1927). Die Planung erfuhr mehrfache Änderungen, wobei sich das Hauptgebäude immer mehr zu einem Hochhaus, dem ersten Münchner »Wolkenkratzer«, entwickelte. Erst 1929 war der in drei Bauabschnitten seit 1925 vorangetriebene Neubau des »Technischen Rathauses« abgeschlossen. Es war ein eindrucksvolles und signifikantes Baudenkmal entstanden, das in einem Kopfbau über einem Sockel aus Nagelfluh in elf Obergeschossen eine schlichte Ziegelwandfläche zeigte, die nur in den drei Obergeschossen Wandpfeiler und oktogonale Ecktürmchen als Gliederungsmotive kennt. Es ist unübersehbar, daß dieser charakteristische Hochbau erneut an die von der Frauenkirche vertretene Bautradition Münchens anzuknüpfen suchte und durch seine bodenständige ruhige Formensprache der aufgeregten Hauberrisserschen Neugotik am Marienplatz auch tatsächlich überlegen war. In dem neuen Komplex waren nun die Verwaltungen der städtischen Gas- und Elektrizitätswerke, das Hochbauamt mit seiner Stadterweiterungsabteilung (später Planungsre-

Das Technische Rathaus am Anger, um 1929, Fotograf J. Schwertl.

ferat), das Tiefbauamt, das Vermessungsamt und die Lokalbaukommission untergebracht. Damit war das Technische Rathaus als zusätzliche städtische Verwaltungszentrale dem Komplex des Rathauses am Marienplatz als wichtiger Partner zur Seite getreten.

Der Prozeß der räumlichen Verselbständigung städtischer Referate und Ämter war freilich mit dem Technischen Rathaus längst nicht abgeschlossen; bis auf den heutigen Tag ist der Riesenapparat der Münchner Stadtverwaltung auf viele Einzelgebäude im gesamten Stadtgebiet verteilt. Im Rathaus am Marienplatz befindet sich allerdings nach wie vor die städtische Steuerungszentrale: Hier residiert der Oberbürgermeister, hier haben die im Stadtrat vertretenen Fraktionen und Gruppierungen ihre Arbeitsräume, und hier finden die Plenar- und Ausschußsitzungen des Stadtrats statt. Von den Referaten der Stadtverwaltung haben inzwischen dort nur noch das Personal- und Organisationsreferat und die Stadtkämmerei ihren Hauptsitz, wozu noch das Direktorium als ein unmittelbar unter den Bürgermeistern stehender, besonderer Verwaltungsbereich kommt.

INHALT

Der Marienplatz	5
Die Mariensäule	20
Der Fischbrunnen	22
Der Marienhof	25
Das Alte Rathaus	25
Das Neue Rathaus	41
Das Glockenspiel	57
Stadtbauamtsgebäude und Technisches Rathaus	59